L'ŒUVRE DU XIXe SIÈCLE

NOUVELLE ESQUISSE PHILOSOPHIQUE

PAR

D. GESTA, professeur.

AUCH

IMPRIMERIE ET LITHOGRAPHIE FÉLIX FOIX, RUE BALGUERIE

1870.

L'ŒUVRE DU XIXe SIÈCLE

NOUVELLE ESQUISSE PHILOSOPHIQUE

PAR

D. GESTA, professeur.

AUCH

IMPRIMERIE ET LITHOGRAPHIE FÉLIX FOIX, RUE BALGUERIE

—

1870.

NOUVELLE ESQUISSE PHILOSOPHIQUE.

De tous les grands poètes de notre époque, depuis
Gœthe et Byron, jusqu'à Lamartine et Victor Hugo, celui
qui nous paraît avoir le mieux reflété la grande pensée
religieuse du xixe siècle, c'est Alfred de Musset, ce jeune
poète qui les résume tous, et qui semble avoir écrit avec
ses larmes et son sang. C'est lui, du reste, qui a dit :
« Rien ne nous rend si grands qu'une grande douleur.»
A quoi l'on pourrait ajouter, rien n'est si beau que le
vrai repentir. Aussi, croyons-nous être agréable à nos
lecteurs et répondre surtout à une partie de notre sujet,
en détachant de ses œuvres une de ses plus belles pages,
celle qui fera éternellement sa gloire, et que tout philo-
sophe, que tout chrétien, pourrait signer.

L'ESPOIR EN DIEU.

—

Tant que mon faible cœur, encor plein de jeunesse,
A ses illusions n'aura pas dit adieu,
Je voudrais m'en tenir à l'antique sagesse,
Qui du sobre Epicure a fait un demi-dieu.
Je voudrais vivre, aimer, m'accoutumer aux hommes,
Chercher un peu de joie et n'y pas trop compter,
Faire ce qu'on a fait, être ce que nous sommes,
Et regarder le ciel sans m'en inquiéter.

Je ne puis; — malgré moi l'infini me tourmente.
Je n'y saurais songer sans crainte et sans espoir;

Et, quoi qu'on en ait dit, ma raison s'épouvante
De ne pas le comprendre et pourtant de le voir.
Qu'est-ce donc que ce monde, et qu'y venons-nous faire,
Si, pour qu'on vive en paix, il faut voiler les cieux ?
Passer comme un troupeau les yeux fixés à terre,
Et renier le reste, est-ce donc être heureux ?
Non, c'est cesser d'être homme et dégrader son âme.
Dans la création le hasard m'a jeté;
Heureux ou malheureux, je suis né d'une femme,
Et je ne puis m'enfuir hors de l'humanité.

Que faire donc ? « Jouis, dit la raison païenne;
Jouis et meurs; les dieux ne songent qu'à dormir.
— Espère seulement, répond la foi chrétienne;
Le ciel veille sans cesse, et tu ne peux mourir. »
Entre ces deux chemins j'hésite et je m'arrête.
Je voudrais, à l'écart, suivre un plus doux sentier.
Il n'en existe pas, dit une voix secrète;
En présence du ciel, il faut croire ou nier.
Je le pense, en effet; les âmes tourmentées
Dans l'un et l'autre excès se jettent tour à tour.
Mais les indifférents ne sont que des athées;
Ils ne dormiraient plus s'ils doutaient un seul jour.
Je me résigne donc, et, puisque la matière
Me laisse dans le cœur un désir plein d'effroi,
Mes genoux fléchiront; je veux croire et j'espère.
Que vais-je devenir, et que veut-on de moi ?

Me voilà dans les mains d'un Dieu plus redoutable
Que ne sont à la fois tous les maux d'ici-bas;
Me voilà seul, errant, fragile et misérable,
Sous les yeux d'un témoin qui ne me quitte pas.
Il m'observe, il me suit. Si mon cœur bat trop vite,
J'offense sa grandeur et sa divinité.
Un gouffre est sous mes pas, si je m'y précipite,
Pour expier une heure il faut l'éternité.
Mon juge est un bourreau qui trompe sa victime.
Pour moi, tout devient piége et tout change de nom.

L'amour est un péché, le bonheur est un crime,
Et l'œuvre des sept jours n'est que tentation.
Je ne garde plus rien de la nature humaine;
Il n'existe pour moi ni vertu ni remord.
J'attends la récompense et j'évite la peine;
Mon seul guide est la peur, et mon seul but la mort.

On me dit cependant qu'une joie infinie
Attend quelques élus. — Où sont-ils, ces heureux?
Si vous m'avez trompé, me rendrez-vous la vie?
Si vous m'avez dit vrai, m'ouvrirez-vous les cieux?
Hélas! ce beau pays dont parlaient vos prophètes,
S'il existe là-haut, ce doit être un désert.
Vous les voulez trop purs, les heureux que vous faites,
Et, quand leur joie arrive, ils en ont trop souffert.
Je suis seulement homme, et ne veux pas moins être,
Ni tenter davantage. — A quoi donc m'arrêter?
Puisque je ne puis croire aux promesses du prêtre,
Est-ce l'indifférent que je vais consulter?

Si mon cœur, fatigué du rêve qui l'obsède,
A la réalité revient pour s'assouvir,
Au fond des vains plaisirs que j'appelle à mon aide
Je trouve un tel dégoût que je me sens mourir.
Aux jours même où parfois la pensée est impie,
Où l'on voudrait nier pour cesser de douter,
Quand je posséderais tout ce qu'en cette vie
Dans ses vastes désirs l'homme peut convoiter;
Donnez-moi le pouvoir, la santé, la richesse,
L'amour même, l'amour, le seul bien d'ici-bas!
Que la blonde Astarté, qu'idolâtrait la Grèce,
De ses îles d'azur sorte en m'ouvrant les bras;
Quand je pourrais saisir dans le sein de la terre
Les secrets éléments de sa fécondité,
Transformer à mon gré la vivace matière,
Et créer pour moi seul une unique beauté;
Quand Horace, Lucrèce et le vieil Epicure,
Assis à mes côtés, m'appelleraient heureux,

Et quand ces grands amants de l'antique nature
Me chanteraient la joie et le mépris des dieux,
Je leur dirais à tous : « Quoi que nous puissions faire,
Je souffre, il est trop tard; le monde s'est fait vieux.
Une immense espérance a traversé la terre;
Malgré nous, vers le ciel il faut lever les yeux ! »

Que me reste-t-il donc ? Ma raison révoltée
Essaye en vain de croire et mon cœur de douter.
Le chrétien m'épouvante, et ce que dit l'athée,
En dépit de mes sens je ne puis l'écouter.
Les vrais religieux me trouveront impie,
Et les indifférents me croiront insensé.
A qui m'adresserai-je, et quelle voix amie
Consolera ce cœur que le doute a blessé ?

Il existe, dit-on, une philosophie
Qui nous explique tout sans révélation,
Et qui peut nous guider à travers cette vie
Entre l'indifférence et la religion.
J'y consens. — Où sont-ils, ces faiseurs de systèmes
Qui savent, sans la foi, trouver la vérité,
Sophistes impuissants qui ne croient qu'en eux-mêmes,
Quels sont leurs arguments et leur autorité ?
L'un me montre ici-bas deux principes en guerre
Qui, vaincus tour à tour, sont tous deux immortels (1);
L'autre découvre au loin, dans le ciel solitaire,
Un inutile Dieu qui ne veut pas d'autels (2).
Je vois rêver Platon et penser Aristote;
J'écoute, j'applaudis, et poursuis mon chemin.
Sous les rois absolus je trouve un Dieu despote;
On nous parle aujourd'hui d'un Dieu républicain.
Pythagore et Leibnitz transfigurent mon être.
Descartes m'abandonne au sein des tourbillons.
Montaigne s'examine, et ne peut se connaître.

(1) Système des Manichéens.
(2) Le théisme.

Pascal fuit en tremblant ses propres visions.
Pyrrhon me rend aveugle, et Zénon insensible.
Voltaire jette à bas tout ce qu'il voit debout.
Spinosa, fatigué de tenter l'impossible,
Cherchant en vain son Dieu, croit le trouver partout.
Pour le sophiste anglais l'homme est une machine (1).
Enfin sort des brouillards un rhéteur allemand (2)
Qui, du philosophisme achevant la ruine,
Déclare le ciel vide, et conclut au néant.

Voilà donc les débris de l'humaine science !
Et, depuis cinq mille ans qu'on a toujours douté,
Après tant de fatigue et de persévérance,
C'est là le dernier mot qui nous en est resté !
Ah ! pauvres insensés, misérables cervelles,
Qui de tant de façons avez tout expliqué,
Pour aller jusqu'aux cieux il vous fallait des ailes;
Vous aviez le désir, la foi vous a manqué.
Je vous plains; votre orgueil part d'une âme blessée.
Vous sentiez les tourments dont mon cœur est rempli,
Et vous la connaissiez,. cette amère pensée
Qui fait frissonner l'homme en voyant l'infini.
Eh bien, prions ensemble, — abjurons la misère
De vos calculs d'enfants, de tant de vains travaux.
Maintenant que vos corps sont réduits en poussière,
J'irai m'agenouiller pour vous sur vos tombeaux.
Venez, rhéteurs païens, maîtres de la science,
Chrétiens des temps passés et rêveurs d'aujourd'hui;
Croyez-moi, la prière est un cri d'espérance !
Pour que Dieu nous réponde, adressons-nous à lui.
Il est juste, il est bon; sans doute il vous pardonne.
Tous vous avez souffert, le reste est oublié.
Si le ciel est désert, nous n'offensons personne;
Si quelqu'un nous entend, qu'il nous prenne en pitié !

(1) Locke.
(2) Kant.

O toi que nul n'a pu connaître,
Et n'a renié sans mentir.
Réponds-moi, toi qui m'as fait naître,
Et demain me feras mourir !

Puisque tu te laisses comprendre,
Pourquoi fais-tu douter de toi ?
Quel triste plaisir peux-tu prendre
A tenter notre bonne foi ?

Dès que l'homme lève la tête,
Il croit t'entrevoir dans les cieux ;
La création, sa conquête,
N'est qu'un vaste temple à ses yeux.

Dès qu'il redescend en lui-même,
Il t'y trouve ; tu vis en lui.
S'il souffre, s'il pleure, s'il aime,
C'est son Dieu qui le veut ainsi.

De la plus noble intelligence
La plus sublime ambition.
Est de prouver ton existence
Et de faire épeler ton nom.

De quelque façon qu'on t'appelle,
Brahma, Jupiter ou Jésus,
Vérité, Justice éternelle,
Vers toi tous les bras sont tendus.

Le dernier des fils de la terre
Te rend grâce du fond du cœur,
Dès qu'il se mêle à sa misère
Une apparence de bonheur.

Le monde entier te glorifie ;
L'oiseau te chante sur son nid ;
Et pour une goutte de pluie
Des milliers d'êtres t'ont béni.

Tu n'as rien fait qu'on ne l'admire;
Rien de toi n'est perdu pour nous;
Tout prie, et tu ne peux sourire,
Que nous ne tombions à genoux.

Pourquoi donc, ô Maître suprême !
As-tu créé le mal si grand,
Que la raison, la vertu même,
S'épouvantent en le voyant ?

Lorsque tant de choses sur terre
Proclament la Divinité,
Et semblent attester d'un père
L'amour, la force et la bonté,

Comment, sous la sainte lumière,
Voit-on des actes si hideux,
Qu'ils font expirer la prière
Sur les lèvres du malheureux ?

Pourquoi, dans ton œuvre céleste,
Tant d'éléments si peu d'accord ?
A quoi bon le crime et la peste ?
O Dieu juste ! pourquoi la mort ?

Ta pitié dut être profonde,
Lorsque avec ses biens et ses maux
Cet admirable et pauvre monde
Sortit en pleurant du chaos !

Puisque tu voulais le soumettre
Aux douleurs dont il est rempli,
Tu n'aurais pas dû lui permettre
De t'entrevoir dans l'infini.

Pourquoi laisser notre misère
Rêver et deviner un Dieu ?
Le doute a désolé la terre;
Nous en voyons trop ou trop peu.

Si ta chétive créature
Est indigne de t'approcher,

Il fallait laisser la nature
T'envelopper et te cacher.

Il te resterait ta puissance,
Et nous en sentirions les coups ;
Mais le repos et l'ignorance
Auraient rendu nos maux plus doux.

Si la souffrance et la prière
N'atteignent pas ta majesté,
Garde ta grandeur solitaire,
Ferme à jamais l'immensité.

Mais, si nos angoisses mortelles
Jusqu'à toi peuvent parvenir :
Si, dans les plaines éternelles,
Parfois tu nous entends gémir :

Brise cette voûte profonde
Qui couvre la création;
Soulève les voiles du monde
Et montre-toi, Dieu juste et bon !

Tu n'apercevras sur la terre
Qu'un ardent amour de la foi,
Et l'humanité tout entière
Se prosternera devant toi.

Les larmes qui l'ont épuisée
Et qui ruissellent de ses yeux
Comme une légère rosée
S'évanouiront dans les cieux.

Tu n'entendras que tes louanges,
Qu'un concert de joie et d'amour,
Pareil à celui dont tes anges
Remplissent l'éternel séjour;

Et, dans cet hosanna suprême,
Tu verras, au bruit de nos chants,
S'enfuir le doute et le blasphème,
Tandis que la Mort elle-même
Y joindra ses derniers accents.

SECONDE PARTIE.

I

Après avoir, dans une précédente brochure, esquissé d'une main très rapide le côté historique et politique du siècle, essayons maintenant, en très peu de pages, d'en tracer le côté philosophique, toujours à l'aide de cette science encore nouvelle, la philosophie de l'histoire, que deux profonds penseurs, Vico et Montesquieu, ont créée au siècle dernier.

La foi, avons-nous dit, indépendamment de l'idée religieuse qui en est le côté sublime, est, au point de vue philosophique, la confiance de l'homme dans ses destinées. C'est cette même foi qui a fait et fait les héros, comme les penseurs, depuis Alexandre, Annibal et César, jusqu'à Napoléon; depuis Aristote jusqu'à Bacon; c'est elle, en un mot, qui fait la grandeur des sociétés. La foi de la Grèce fut l'amour de la patrie, le culte de la philosophie et la passion des arts. La foi dominante de Rome fut de conquérir le monde pour le civiliser. La foi du christianisme, en détruisant l'ancien esclavage et en faisant tous les hommes fils d'un Dieu unique, a fixé à jamais, en philosophie comme en religion, ces deux grands principes : l'existence de Dieu et l'immortalité de l'âme, d'où a découlé, pour la morale, cette belle formule, la dignité et la responsabilité de la conscience de l'homme. Enfin, la foi du xixe siècle, c'est la Liberté.

Tant que les peuples se sont inspirés de ces maximes sacrées, ils se sont illustrés par de grandes vertus que les arts, la poésie et l'histoire ont célébrées. Mais leur décadence a fatalement commencé dès que ces nobles aspirations ont fait place à l'égoïsme, à la violence et aux passions vulgaires. Ainsi, la Grèce succomba quand les guerres intestines, déchirant ses propres entrailles, y arrachèrent cet amour de la patrie que le génie héroïque des Léonidas, des Miltiade, des Thémistocle avait porté si haut, et quand elle livrait à la mort ou à l'exil ses plus grands philosophes et ses plus grands citoyens. Il en fut de même de ces fiers Romains, qui, par leurs honteuses et coupables rapines, avaient fini par corrompre, indigner et soulever le monde entier que l'austère grandeur, les rigides vertus de leurs pères, avaient plutôt civilisé que conquis. Aussi que de nobles efforts, que de sacrifices, que de sang n'a-t-il pas fallu pour réhabiliter la morale et la dignité humaine ! Il a fallu tout le sang des Martyrs, et ce fut, dans l'histoire, la première réaction de la justice.

Les sociétés modernes, en grandissant, se sont aussi écartées, malheureusement, de cette simple et sublime morale du Christ, qui, dès le principe, avait si puissamment aidé à former les jeunes générations en adoucissant les mœurs et les lois, et en arrêtant, par ses lumières, la violence du pouvoir. Et cette même morale, qui contenait tant de vérité, tant de douceur, tant de bonté, tant de justice, et qu'un Dieu, en mourant, consacra de tout son sang pour la régénération et le bonheur des peuples, cette même morale, dis-je, a fini par être presque étouffée dans des dogmes contraires à la raison et à la foi elle-même. De là ces sombres et fatales réactions dont l'histoire est remplie, et qui, en faisant couler des flots de sang, ont brisé cette grande unité religieuse que la philosophie, la liberté et la science ont la tâche difficile, la mission délicate de reconstruire aujourd'hui sur de nouvelles bases, malgré les orages et les passions que pourrait encore provoquer l'aveuglement des princes de l'Eglise. Ne voient-ils pas que les peuples mieux instruits leur échappent, comme l'ont dit quelques-uns d'entr'eux que la vraie foi inspire? Ne voient-ils pas, enfin, que la grande pensée de Cavour va devenir une vérité, et que, n'ayant plus de base et de soutien, ils vont s'agiter dans le vide et le néant?

II

L'existence de Dieu et l'immortalité de l'âme, ce beau rêve de l'antique philosophie, et que la science moderne a formulées en vérités acquises, comme étant le fondement indiscutable et nécessaire de la morale universelle, ne font plus aujourd'hui pour les esprits et pour les cœurs l'objet sérieux d'aucun doute. D'ailleurs, tous les différents systèmes philosophiques ou religieux et tous les travaux scientifiques qui, à diverses époques de l'histoire, sont sortis du vaste cerveau de l'homme, n'ont eu, à travers mille chemins, qu'un but, un seul but, la vérité, c'est-à-dire savoir tout ce qui est, savoir la loi de tout. Et de cet immense désir, ou plutôt de cette nécessité absolue de connaître, est sortie la grande loi du travail, cette sainte fille de la foi, qui est pour la nature de l'homme, dans les sociétés, ce que le mouvement et la chaleur sont pour les mondes dans l'espace infini.

Ainsi l'homme, comme l'univers, comme Dieu, est un, c'est-à-dire une force, mais une force relative. Or, dans l'immortelle nature, dans l'éternelle matière, où tout est, tout relève d'une force unique, d'un élément à la fois créateur et conservateur, d'une raison suprême, d'un principe absolu, dont le caractère profondément mystérieux échappe à l'analyse imparfaite de la science, mais dont l'action libre, spontanée, nécessaire, se développant à l'infini, depuis le grain de sable des mers jusqu'à ces globes éclatants de vie et de lumière, se manifeste avec une harmonie rigoureuse, avec une puissance d'équilibre qui étonne et tourmente le génie de l'homme.

Saluons donc en passant cette œuvre vraiment grandiose de la création qui nous contient, et qui, dans son mouvement éternel, nous conduit tous, morts ou vivants, sous l'œil de Dieu, à travers les espaces sans limites; saluons cet Être infiniment parfait, cette Justice suprême, qui survit aux grandeurs des siècles, et que ni les calculs les plus profonds, les plus abstraits de la science analytique, ni les arguments les plus éloquents, les plus rigoureux de la métaphysique, n'ont pu saisir, mais qu'on sent et qu'on trouve dès qu'on redescend en soi-même. Oui, écrions-nous avec l'orateur chrétien : « Lui seul est grand ! »

Mais de ces hauteurs sereines de la foi où la pensée en souffrance aime parfois à s'élever, loin du néant des choses humaines, revenons cependant à notre sujet, revenons à ce qui fait l'objet de nos recherches et de nos méditations. Nous savons bien que l'action de l'homme n'est que relative et par conséquent limitée, mais nous savons aussi, du moins nous sentons que Dieu est en lui, ce qui, dans sa faiblesse, comme dit Pascal, fait aussi sa grandeur.

III

Le xixe siècle, sous le triple courant de la presse, de la tribune et du théâtre, semble, au milieu de ses innombrables et imposants travaux, au milieu de ses brillantes productions, semble, croyons-nous, ne poursuivre qu'un but, apparemment matériel, la richesse et le bien-être, mais ayant au fond une idée vraie et morale, l'indépendance et la dignité individuelle, par les efforts constants d'un travail libre, associé, secondé par le concours intelligent de toutes les forces et de toutes les facultés, et par les lumières fécondes de l'éducation, d'où paraît découler logiquement cette maxime rigoureuse du droit et de la justice : A chacun selon ses œuvres.

Nous aurons donc à examiner plus tard, dans les limites de nos forces, ce qui a été fait et ce qui reste à faire pour atteindre sûrement ce but qui nous paraît être l'œuvre finale du siècle, par de prudentes réformes d'économie générale, après l'apaisement des passions religieuses et des haines politiques.